für ....

von ....

Heute ist dein Geburtstag!

Dazu gratuliere ich dir ganz herzlich!

Ich wünsche dir, dass du dich heute einmal richtig feiern lässt und deinen Ehrentag in vollen Zügen genießt. Ich wünsche dir viele schöne Stunden mit Menschen, die dir nahe stehen und dazu eine Menge Optimismus und Lebensfreude. Ich wünsche dir von ganzem Herzen viel Glück, Gesundheit und alles, alles Gute!

Dass du so oft es geht

aus vollem Herzen lachen kannst,

das wünsche ich dir. Ein Stückchen

unbeschwerte Kindlichkeit macht

das Leben fröhlicher und leichter.

Lachen bricht alle Widerstände.

MARK TWAIN

Ich wünsche dir,

dass du feste Ziele für dein weiteres Leben hast und dass du deinen eigenen Weg gehst. Setz dir deine Ziele aber nicht zu hoch, sondern so, dass sie realistisch und durchführbar bleiben.

Auch dieses Jahr wird dir nicht immer die Ruhe und Gelassenheit bringen, die du dir wünschst. Dazu ist das Leben viel zu turbulent. Dass du dir gerade dann, wenn du erschöpft und gestresst bist, kleine Auszeiten zum Atemholen nimmst, das wünsche ich dir.

Ich wünsche dir,

dass du viel Zeit mit deiner Familie verbringen kannst, sie ist das, was wirklich zählt. Ab und zu ein kleiner Ausflug, ein gemeinsamer Kinobesuch – nirgendwo fühlt man sich aufgehobener als im Kreise seiner Lieben.

Wenn die Familie beisammen ist, ist die Seele auf ihrem Platz.

AUS RUSSLAND

Dass du dich mit deinem Beruf komplett identifizierst, ist gar nicht nötig. Aber dass du Freude an deiner Arbeit hast, dich gefordert und respektiert fühlst, das wünsche ich dir sehr.

0.30 Meeting
13 - 14 Uhr Mittagspause mit Doris
Brainstorming wg. neuer Ideen !!!
14
7:00
7:30
8:00
8:30
9:00
9:30
10:00
10:30
11:00
11:30
12:00
12:30
1:00
1:30
2:00
2:30
3:00
3:30
4:00
4:30
5:00
E-Mail
Fr. Müll
17.30 Uhr Feierabend
Lars anrufen !!!

Ich wünsche dir,

dass du den Mut dazu findest, Dinge zu ändern, die dir nicht gut tun. Das einzige, was zählt, ist, was DU willst. Auf zu neuen Horizonten!

Wann endlich, wenn nicht jetzt?

ALBERT EINSTEIN

Ich wünsche dir

viel Sonnenschein auf allen deinen Wegen, und Regen nur dann, wenn du mal Lust auf einen gemütlichen Tag zu Hause hast.

Ein Regenbogen erscheint nur,
wenn sowohl Regen als auch Sonnenschein ist.
UNBEKANNT

Nirgendwo läuft immer alles strikt nach Plan. Ich wünsche dir, dass du dich von kleinen Rückschlägen nicht entmutigen lässt, sondern dir denkst: Jetzt erst recht! Mit deiner Energie kannst du jedes Hindernis überwinden.

ROAD
CLOSED

Ich wünsche dir

Freunde, mit denen du Pferde stehlen kannst. Freunde, die in guten wie in schlechten Zeiten zu dir halten, mit denen du reden und lachen und ab und zu auch weinen kannst.

Glück ist, Freunde zu haben.

AUS SCHOTTLAND

Was du alles schon erreicht hast…

Du hast meinen großen Respekt!

Ich wünsche dir, dass auch du erkennst, was du bisher geleistet hast und dass du dir ruhig auch mal eine Pause gönnen kannst.

Wir müssen von Zeit zu Zeit eine Rast einlegen
und warten, bis unsere Seelen uns
wieder eingeholt haben.

INDIANISCHE WEISHEIT

Ob die große Liebe

oder ein kleiner Flirt, ich wünsche dir,

dass du Liebe erfährst und auch

zurückgeben kannst.

Die Liebe, nur die Liebe ist Leben!

HOFFMANN VON FALLERSLEBEN

Eine Kajaktour auf dem Amazonas, Bungeejumping oder einfach eine völlig neue Frisur – dass du dieses Jahr einmal etwas richtig Verrücktes tust, und damit deinen Adrenalinspiegel zum Steigen bringst, das wünsche ich dir.

Jeder spinnt auf seine Weise –
der eine laut, der andere leise.

JOACHIM RINGELNATZ

Ich wünsche dir,

dass du viele neue Menschen kennenlernst, vielleicht sind ja sogar Freunde fürs Leben darunter? Gleichzeitig wünsche ich dir aber auch, dass du die Zeit dazu findest, deine alten Freundschaften weiterhin zu pflegen.

Du musst ja nicht gleich explodieren,

aber dass du deinem Ärger auch mal Luft machst und nicht alles hinunterschluckst, das wünsche ich dir. Du wirst sehen, nach einem reinigenden Gewitter ist die Luft wieder um einiges klarer.

Ich wünsche dir,

dass du dir ab und zu etwas Besonderes gönnst. Lass dich mal wieder massieren, kauf dir ein schönes Kleidungsstück oder mach dir einen tollen Abend mit guten Freunden.

Vielleicht brauchen deine Eltern oder andere nahe Angehörige dich jetzt öfter als früher. Ich wünsche dir, dass du den Menschen, die dir nahe stehen, helfen kannst, wenn sie deine Unterstützung benötigen.

Ich wünsche dir,

dass du auch dieses Jahr wieder ein
Stück von der Welt sehen kannst.
Dass du fremde Länder entdeckst,
in interessante Kulturen eintauchst
oder auch einfach nur viele neue
Eindrücke sammelst und sie in dir
wirken lässt.

Ich wünsche dir,

dass du zwischen wichtig und nichtig unterscheiden kannst und dass du den Mut findest, danach zu handeln. Alles andere raubt nur wertvolle Energie.

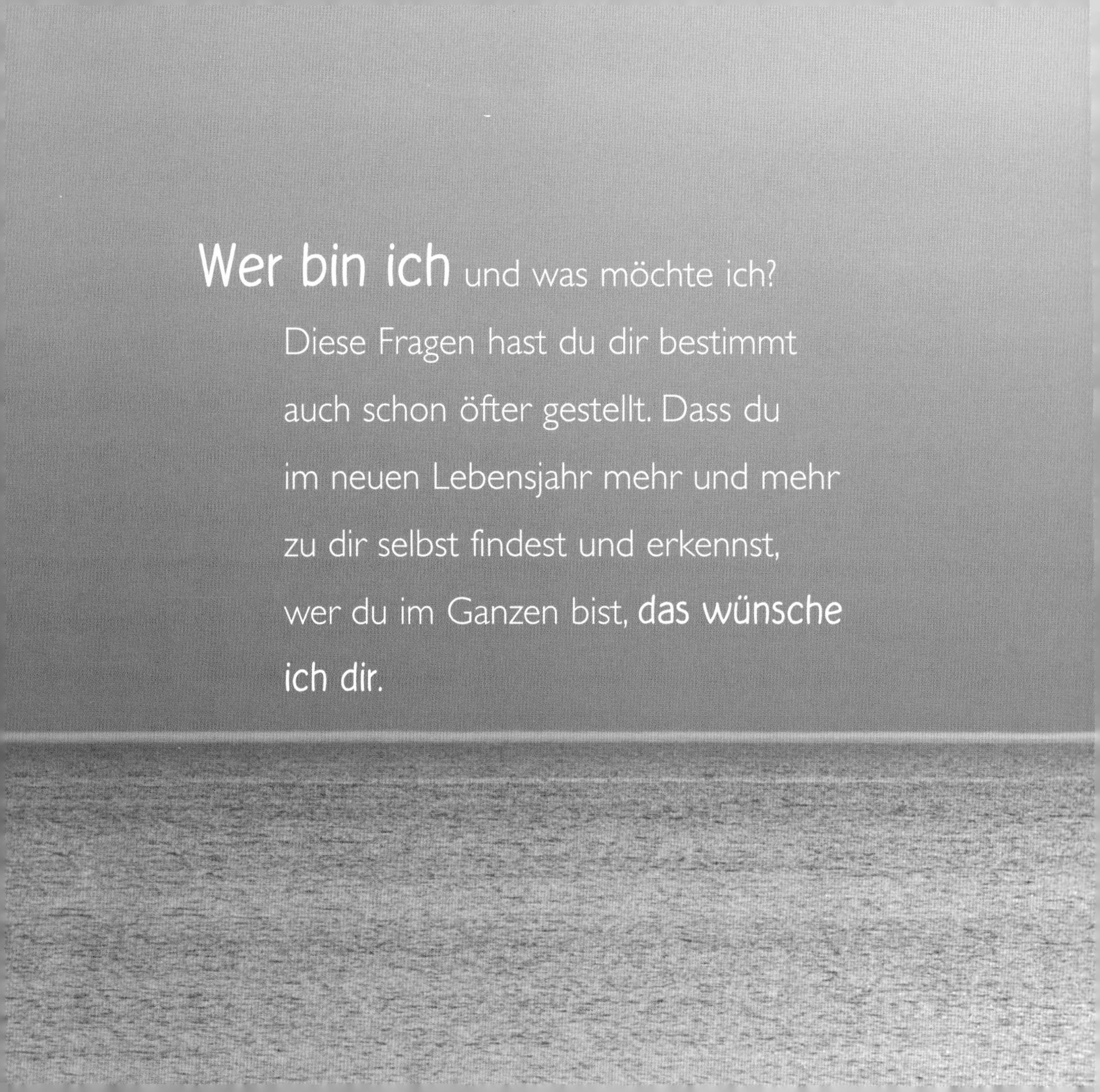

Wer bin ich und was möchte ich?

Diese Fragen hast du dir bestimmt auch schon öfter gestellt. Dass du im neuen Lebensjahr mehr und mehr zu dir selbst findest und erkennst, wer du im Ganzen bist, **das wünsche ich dir.**

Ich kehre in mich selbst zurück und finde eine Welt.

JOHANN WOLFGANG VON GOETHE

Ich wünsche dir

von ganzem Herzen, dass du ab und

zu ein Stück Himmel auf Erden findest.

Du hast es wirklich verdient.

Lass den Himmel sich auf der Erde widerspiegeln,
auf dass die Erde zum Himmel werden möge.

DSCHELAL ED-DIN RUMI

Meine Wünsche für dich

In dieser Reihe sind bisher erschienen:

Was ich dir wünsche – zum 40.
ISBN 978-3-86713-339-5

Was ich dir wünsche – zum 50.
ISBN 978-3-86713-340-1

Was ich dir wünsche – zum 60.
ISBN 978-3-86713-341-8

Was ich dir wünsche – zum 70.
ISBN 978-3-86713-342-5

Über die Autorin:
Ellen Sonntag, geb. 1963 in Berlin, ist Bibliothekarin mit Leib und Seele. Während ihres Erziehungsurlaubes entdeckte die dreifache Mutter ihre Freude am Schreiben. Neben ihrer Berufstätigkeit und ihrer ehrenamtlichen sozialen Tätigkeit schreibt Ellen Sonntag in ihrer Freizeit gerne Kurzgeschichten, meditative Texte und Gedichte.

Bildnachweis:
Titel: Jürgen Bohn; S. 3: iStockphoto/Olga Lyubkina; S. 5, Rückseite: iStockphoto/alohaspirit; S. 7: iStockphoto/Karyn Kudrna; S. 9: iStockphoto/ra-photos; S. 10, 11: iStockphoto/imagedepotpro; S. 13: iStockphoto/minimil; S. 15: iStockphoto/Živa Kirn; S. 17: iStockphoto/PeskyMonkey; S. 19: Jürgen Pfeiffer; S. 21: iStockphoto/Rich Legg; S. 23: iStockphoto/Gerville Hall; S. 24, 25: iStockphoto/Olaf Simon; S. 27: iStockphoto/Natalia Bratslavsky; S. 29: iStockphoto/LyaC; S. 31: iStockphoto/Warwick Lister-Kaye; S. 32, 33: iStockphoto/Eliza Snow; S. 35: iStockphoto/SERDAR YAGCI; S. 37: iStockphoto/Carmen Martínez; S. 39: Joachim Groh; S. 41: iStockphoto/Karen Moller; S. 43: iStockphoto/Chan Chun Tak; S. 44, 45: iStockphoto/Matan Narkiss; S. 47: iStockphoto/Jose Antonio Sánchez Reyes

Textnachweis:
Wir danken allen Autoren bzw. deren Erben, die uns freundlicherweise die Erlaubnis zum Abdruck von Texten erteilt haben.

Idee und Konzept:
Groh Verlag.

ISBN 978-3-86713-339-5

097006-4355-02

Ein Lächeln schenken

Geschenke sollen ein Lächeln auf Gesichter zaubern und die Welt für einen Moment zum Stehen bringen. Für diesen Augenblick entwickeln wir mit viel Liebe immer neue GROH-Geschenke, die berühren.

In ihrer großen Themenvielfalt und der besonderen Verbindung von Sprache und Bild bewahren sie etwas sehr Persönliches.

Den Menschen Freude zu bereiten und ein Lächeln zu schenken, das ist unser Ziel seit 1928.

Ihr